DE
LA PROCHAINE SESSION
DES CHAMBRES

ET

DU MINISTÈRE ACTUEL,

PAR

M. A. AUDIGANNE.

PARIS,

IMPRIMERIE DE SCHNEIDER ET LANGRAND,
1, RUE D'ERFURTH, PRÈS DE L'ABBAYE.

1841

I

La formation d'une majorité gouvernementale dans la Chambre des députés, la préparation d'une solution pacifique de la question si grave qui menaçait de détruire la paix du monde, tels ont été les deux grands résultats de la dernière session. Ils se lient étroitement l'un à l'autre, et l'avenir doit les consolider ou les ébranler tous les deux. En présence de cette double éventualité d'où peuvent naître soit de nouvelles garanties pour la sécurité publique, soit des agitations nouvelles, nous nous proposons de rechercher quels éléments devront fixer l'attention des Chambres, et quelle sera probablement la marche de la session prochaine.

II

Depuis l'administration du 15 avril, la Chambre
élective était fractionnée en une multitude de partis, et il avait été impossible d'y former une majorité homogène et durable. Quoiqu'elles eussent
des causes plus spécieuses que réelles, ces divisions
n'en étaient pas moins funestes. En le rendant in-
certain, elles énervaient le pouvoir et ne tendaient
qu'à exalter les espérances des ennemis de nos institutions; elles décourageaient beaucoup de gens
honnêtes, mais pusillanimes, dont la foi dans les
destinées du gouvernement représentatif est encore
hésitante. A lui seul, le premier résultat de la dernière session a donc été un bien immense. Mais
le rapprochement des hommes de gouvernement

était-il un fait imprévu, produit exclusivement par les accidents de la situation ? Nous ne le pensons pas, et nous montrerons tout à l'heure qu'un peu plus tôt ou un peu plus tard, sur une question ou sur une autre, la Chambre devait sortir de son état anormal. Si les dangers de la politique du ministère du 1er mars furent le signal des graves changements qui se manifestèrent alors dans les tendances parlementaires, ils n'en furent point la cause. Œuvre lente et progressive, la formation de la majorité nouvelle a son histoire, et cette histoire éclaircit merveilleusement la situation où nous sommes.

Il y a dans la Chambre, depuis la révolution de juillet, deux politiques profondément contraires : la politique de conservation et la politique révolutionnaire.

La première accepte les principes de notre grande révolution ; mais, sachant comprendre que leur développement a des bornes essentielles, elle ne veut pas les laisser compromettre par leurs conséquences extrêmes.

La seconde ne sait point reconnaître les limites au delà desquelles la révolution serait un mal, elle veut presque tous les progrès que l'imagination conçoit, sans distinguer assez s'ils sont ou non compatibles soit avec les conditions de la nature humaine, soit avec notre caractère national.

Aujourd'hui encore, qu'on le dissimule ou qu'on l'avoue, là se trouvent toujours les éléments de la lutte. Tant que les questions furent posées clairement, la majorité ne fut pas douteuse; quand elles furent embrouillées, la majorité s'affaiblit et le pouvoir avec elle. Mais quoique l'opposition se prêtât de très-bonne grâce, pour ménager son triomphe, à substituer la politique des personnes à la politique des principes et des intérêts, l'illusion ne pouvait pas durer longtemps. Si l'on parvenait à tromper quelques hommes de bonne foi, est-ce que chaque politique ne devait point, par ses conséquences naturelles, être rendue bientôt à elle-même ? Le cabinet du 1er mars en a été la preuve. Couvé sous l'aile de l'opposition, il eut beau dissimuler son origine, force lui fut de laisser pencher le pouvoir vers la gauche, et on sait où nous conduisit sa politique. D'après ces effets rapides de l'influence seule de la gauche, on peut deviner ce qui serait arrivé si elle avait directement conduit les affaires.

Dès avant l'avénement du 1er mars, la coalition avait eu pour conséquence, le lendemain de son triomphe, de remettre face à face les deux politiques qui se combattaient depuis 1830, et qu'un abîme profond séparait toujours. Une fois la lutte terminée contre le ministère du 15 avril, la lutte gouvernementale avait commencé. Le gouvernement allait-il appartenir à la politique conservatrice ou à la politique de l'agitation? Cette immense question, destinée à remettre d'accord les éléments de l'ancienne majorité, était venue séparer de nouveau des hommes toujours opposés par leurs principes, même durant leur concert, concert éphémère et plein de réserves réciproques. On essaya d'abord de transiger, et ce fut alors qu'éclatèrent les causes d'une inévitable séparation. Que chaque politique s'efforçât d'arriver aux affaires et de s'entourer de garanties suffisantes pour assurer et perpétuer sa victoire, rien n'était plus naturel, plus légitime. Les chefs de parti le devaient à leurs convictions. D'un côté, M. Guizot ne refusait point d'accorder tout ce qui était compatible avec le maintien de la politique de juillet, de la politique, un moment affaiblie, de l'ancienne majorité, mais il ne voulait point qu'on portât atteinte à ses principes fondamentaux. D'un autre côté, la gauche et M. Thiers, qui avaient aussi leurs desseins, exigeaient et la majorité dans le conseil et toute l'influence politique ; ils demandaient l'intérieur et l'extérieur. Il fut impossible de s'entendre ; et de ce jour date le travail de patience et d'habileté qui devait constituer une majorité nouvelle.

On se rappelle le triste aspect que présentait alors la Chambre des députés : la désunion était partout. Néanmoins, en ne tenant compte que des dissidences politiques, les divers partis rentraient dans quatre grandes divisions :

1° Les 221 qui étaient encore, malgré des pertes récentes, la fraction la plus nombreuse et la plus compacte ;

2° Les hommes qui par leurs antécédents, par de longs services, appartenaient à la politique de conservation, mais qui s'étaient séparés de l'ancienne majorité sur la dernière question ministérielle. Maintenant que le débat reprenait son ancien caractère, le seul qu'on aurait dû lui conserver, cette seconde fraction allait nécessairement se confondre avec les 221, car les principes étaient les mêmes ;

3° La gauche ;

4° Le centre gauche que la discorde travaillait sourdement. Tandis qu'une partie de ses membres suivait M. Thiers, une autre partie, moins facile, tenait à garder sa volonté. Placés entre deux centres d'attraction, les uns se rapprochaient de la gauche, les autres étaient portés vers la droite par la propension de leur esprit.

Évidemment, dans un pareil état de scission, une majorité gouvernementale solide et sûre d'elle-même était pour le moment un rêve impossible. Mais, si de la surface on pénétrait dans le cœur même des partis, si on observait leurs affinités et leurs tendances, chacun d'eux se rattachait alors visiblement à l'une des deux politiques dont nous avons rappelé l'antagonisme. Ces deux politiques pouvaient être chacune le principe d'une majorité différente.

Examinons quelles étaient leurs chances, nous suivrons plus tard leur marche et leurs progrès.

III

L'alliance de M. Thiers et de M. Barrot, de la gauche et de la partie du centre gauche docile aux impulsions de M. Thiers, ne formait qu'une minorité notoire au profit de la politique de l'opposition. Pour grossir cette phalange, M. Thiers était sûr, il est vrai, tant qu'il ne serait pas au pouvoir, du concours des deux extrémités de la Chambre, alliés ordinaires de tous ceux qui attaquent le gouvernement. Il comptait, de plus, entraîner le reste du centre gauche et profiter aussi des susceptibilités blessées, des votes capricieux, des ambitions mécontentes qui se rencontrent toujours dans une nombreuse assemblée. Comme tout cela ne suffisait pas encore, on avouait sans façon qu'une fois au pouvoir, il ne serait pas malaisé de détacher des 221 bon nombre d'hommes qu'on jugeait trop timides pour faire de l'opposition, ou trop faibles pour résister aux avances du ministère. Y avait-il de la moralité dans ces calculs? Nous laisserons à la gauche, si rigide pour les autres en pareille matière, le soin de résoudre cette question-là ; nous dirons seulement qu'on disposait des hommes un peu trop à la légère. D'un côté, on s'abusait au point de croire que les 221 se laisseraient enrôler, sans mot dire, au service d'une politique qui n'était pas la leur, au moyen seulement de quelques concessions personnelles ou de quelques artifices de paroles; d'un autre côté, on englobait tout le centre gauche dans cette combinaison hasardée, sans voir qu'une partie considérable répugnait ouvertement et à l'union avec la gauche, et à la direction absolue de M. Thiers. De ses autres auxiliaires, le futur président du 1er mars ne pouvait absolument rien attendre. S'il était facile de les tenir au service de l'attaque, quelle folie n'y aurait-il pas eu à les faire figurer dans les prévisions d'une majorité gouvernementale! Quant à la gauche, elle était prête à s'humilier devant l'élévation de M. Thiers, elle consentaît à s'effacer, satisfaite de placer le gouvernement sous son ifluence, en attendant qu'elle pût le préndre hautement pour elle-même. Ce n'était pas si maladroit que de glisser ainsi sa politique sous le cachet d'un parti moins compromis qu'elle.

A l'encontre de M. Barrot et de M. Thiers, M. Guizot restait ferme sur le terrain de la politique conservatrice. En portant à la présidence de la Chambre des députés, après les élections de 1839, au moment où la lutte était le plus acharnée, M. Passy contre M. Barrot, il avait prouvé déjà qu'il n'entendait point abandonner à l'opposition des moyens d'influence trop importants. Plus tard, et dans une autre circonstance, il refusa pareillement de faire de la présidence de M. Barrot une question de cabinet. S'il était bien alors de ne point repousser systématiquement les personnes pour essayer une transaction, il eût été dangereux de contracter avec la gauche des engagements solidaires. La nomination de M. Passy avait, d'ailleurs, une autre signification : elle annonçait l'intention de réunir aux éléments de l'ancienne majorité la fraction du centre gauche portée à s'éloigner de la gauche et de M. Thiers. Après l'avortement des longues conférences qui suivirent la chute du 15 avril, M. Guizot, par tous ses actes, par tous ses discours, se proposa de réaliser cette pensée. Quoiqu'elle fût selon l'intérêt et le devoir de tous les

hommes d'ordre de la Chambre, selon les besoins
du pays, les divisions récentes avaient laissé tant
d'aigreur, qu'il fallait, pour réussir, unité de vues,
persévérance de volonté, des ménagements et du
temps. En définitive, il n'était pas possible que des
ressentiments d'un jour, des dissidences superfi-
cielles prévalussent contre l'identité des intérêts.
La majorité que M. Guizot préparait de loin avait
un drapeau, un seul, le drapeau de la politique
suivie sous le ministère de Casimir Perrier, mais
pratiquée avec l'intelligence des modifications que
le temps avait rendues nécessaires.

IV

La politique de l'union des centres ménagea
la formation du ministère du 12 mai. Transaction fortuite et incomplète, le 12 mai n'avait pas
une vitalité bien énergique; mais il était un pas
vers un résultat plus significatif, un succès très-
réel pour la politique de gouvernement. Elle en
obtint un autre en faisant nommer M. Sauzet président de la Chambre, contre M. Thiers, porté par
l'opposition. Ces deux événements consommèrent
la séparation d'une fraction du centre gauche et de
M. Thiers. Quoiqu'il fût formé selon les tendances
de sa politique, M. Guizot n'avait pas voulu entrer
dans le cabinet : le moment n'était pas venu. Pendant toute la session, il l'appuya fortement, sai-

sissant toutes les occasions de consolider et d'étendre la transaction commencée. Tandis qu'il était représenté par les journaux comme impatient d'entrer aux affaires et fatigué de la position qu'il avait prise, il s'éloigna pour laisser le temps de mûrir aux fruits de sa politique, et afin qu'on ne se servît pas de son nom pour ébranler une administration qu'il s'était employé à constituer et dont il souhaitait l'affermissement.

Jusque-là la politique de l'union des centres n'avait eu que des succès ; la chute du 12 mai fut un échec. A vrai dire, ce n'était point une défaite, car aucune bataille n'avait été livrée sur le fond de la question. Le 12 mai était tombé à l'improviste, parce qu'il n'avait pas su prévoir les conséquences de l'esprit de rancune. La veille même du vote, on ne savait pas si la loi de dotation serait une question de cabinet.

M. Guizot aurait pu, dès ce moment, revenir prendre sa place, comme chef de la majorité. A notre avis, il fit mieux d'attendre et de voir auparavant quelle ligne suivrait le nouveau ministère. Après s'être assuré, ainsi qu'il l'a dit à la Chambre des députés, qu'il ne différait pas essentiellement avec lui sur les grandes questions du moment, il conserva les fonctions d'ambassadeur à Londres, laissant

M. Thiers parfaitement libre de former sa majorité, s'il pouvait y parvenir. Cette expérience était à faire : il fallait que le centre gauche et son chef fussent mis à l'épreuve, afin que le pays sût à quoi s'en tenir ; il fallait que ce parti nous montrât s'il cachait quelque chose sous ce fameux programme que personne ne connaissait, mais dont les journaux disaient merveilles. Jamais, à son avénement, ministère ne parut rencontrer moins d'hostilités : la gauche se livrait sans conditions apparentes, passant, avec armes et bagages, dans le camp ministériel. Sa conduite, dans son rôle nouveau, devait prêter à de piquantes observations. Qu'allait - elle faire de ses précédents? La droite ne témoigna point, de prime abord, des intentions systématiquement hostiles. Tout comme M. Guizot, elle attendit, sans chercher à créer des embarras pour le cabinet, prête à se rapprocher de lui s'il pratiquait loyalement sa propre politique ; décidée aussi à l'abandonner s'il manquait de fermeté ou de franchise, s'il venait à faire à la gauche quelques concessions en échange de son appui. Mais rien n'était plus fabuleux que le programme du centre gauche. Le président du 1ᵉʳ mars n'avait point cet ensemble d'idées qui forme un système. Quoiqu'il eût beaucoup parlé du sien, la vérité est

qu'il n'en avait aucun. Il dut reconnaître bientôt
l'impossibilité de fonder une majorité gouvernementale avec les diverses fractions qui avaient voté contre
le 12 mai. Ceux qui avaient servi, ce jour-là, leurs
rancunes aux dépens de leurs convictions, n'étaient
pas mieux disposés pour les ministres du 1er mars
que pour leurs prédécesseurs. M. Thiers, avec ses
engagements, avec son caractère surtout, ne pouvait point se tourner vers les centres. Il avait accepté l'appui de la gauche ; sensible aux éloges de
ses journaux, il s'abusait au point de croire trouver là des moyens de gouvernement. Tant que la
situation resta calme, tant qu'une question politique grave ne se présenta point, on vécut petite-
ment, il est vrai, au jour le jour, mais enfin on vécut. La gauche vota les fonds secrets ; la majorité
de droite resta fidèle à ses habitudes de réserve et
de modération. Pour ceux, toutefois, qui regar-
daient le fond des choses, le ministère était en dehors de la seule majorité possible. Aussitôt que les
deux politiques qui divisaient la Chambre se re-
trouveraient en présence, l'accord devait disparaî-
tre. Dans la question d'Orient, et après le traité du
15 juillet, M. Thiers se laissa complétement em-
porter vers la gauche. S'il n'eût été arrêté dans sa
marche, qui peut deviner au juste toutes les con-

2

séquences de sa politique? Mais, dès qu'elle fut soumise au jugement de la Chambre, elle trouva contre elle une puissante majorité.

Par les effets de l'influence qu'il avait laissé prendre à la gauche, le 1er mars avait préparé, à son insu, pour la politique de conservation, une transaction plus viable que celle représentée par le ministère du 12 mai. Au mois d'octobre dernier, quand tomba M. Thiers, le moment était opportun pour rattacher à l'ancienne majorité une partie notable du centre gauche. Le ministère du 29 octobre fut formé suivant cette politique. Quoiqu'il n'en fût pas, sous tous les rapports, l'expression la plus complète, il en appliqua les principes avec fermeté, et il obtint l'approbation des Chambres.

Comme on le voit, la majorité nouvelle ne s'est pas produite tout d'un coup, par hasard : elle s'est formée peu à peu, avec le temps. Que va-t-elle devenir pendant la session prochaine?

Après les cruelles expériences que nous avons faites, espérons que nous ne serons point condamnés à subir encore ces déplorables divisions dont le retentissement sème dans le pays des germes de désordre. La Chambre élective profitera, nous n'en doutons pas, des enseignements du passé, et le ministère saura persévérer dans la voie qu'il a choisie. S'il y a quelque chose de vrai dans les reproches qu'on nous adresse, que nous nous laissions devancer, en fait d'améliorations matérielles, par les autres États de l'Europe, qui faut-il en accuser, si ce n'est cet esprit d'agitation et de changement que fomente l'ambition des partis? Que le calme, que la sécurité s'affermissent, que chaque jour ne remette pas en question les principes fondamentaux de notre association politique, que le pouvoir n'en soit pas réduit à les défendre sans cesse; et si nous avons perdu du temps, nous l'aurons bientôt regagné.

L'opposition cherche à dissoudre la majorité, c'est son droit incontestable; mais comment en use-t-elle? Ses journaux sacrifient chaque jour à la politique des personnes la politique des choses. Avec ou sans l'aveu des hommes qu'ils mettent en avant, ils se contentent d'opposer des noms à des noms. Irriter les susceptibilités, évoquer les vieilles rancunes, ranimer enfin par tous les moyens les anciennes divisions pour rompre le faisceau de la majorité nouvelle qui les désespère, telle est depuis un an leur principale occupation. Ces tentatives échoueront devant la Chambre. Voyons pourtant ce qu'il peut y avoir de sérieux dans les calculs de l'opposition, ce qu'il peut y avoir de fondé dans ses espérances.

V

Les alliances contractées par M. Thiers, au lieu
de le fortifier, l'ont affaibli. Quoique porté à s'abuser aisément sur les chances de l'avenir, il n'ignore
point qu'il a beaucoup de choses à faire oublier ;
dans la position qu'il a prise, nous pensons qu'il
laissera généralement à M. Barrot et à la gauche le
soin d'attaquer le cabinet.

Quant à lui, il recommencera cette opposition
silencieuse et patiente qui lui a réussi déjà, et à
laquelle conviennent merveilleusement les facultés
de son esprit. Il ne pourra pas, néanmoins, se dis-
penser de se présenter lui-même dans la discussion
de notre politique orientale. La convention du
13 juillet sera pour lui un terrain rude à parcou-

rir; plus loin, nous en dirons les motifs. Il parlera sans doute, à ce sujet, de ce qu'il avait l'intention de faire, peu ou point de ce qu'il a fait.

Comme M. Thiers se sépare, en général, assez facilement des causes perdues, il doit faire bon marché de la politique du 1er mars, et, si personne n'en rappelait le souvenir, il la laisserait bien volontiers tomber dans l'oubli.

Les fautes de ce cabinet tiennent pour beaucoup à la nature de l'esprit de M. Thiers. De l'audace mêlée à une grande mobilité d'idées, tel est le fond de son caractère. Jeté dans une voie, il est capable d'y déployer une grande énergie; mais une impression légère suffit pour l'en faire sortir et le pousser dans une autre. Au pouvoir, sa pensée paraît toujours indécise et flottante; je ne sais quel vertige s'empare de lui; on ne retrouve plus ni cette habileté ni cette persévérance qu'on lui voyait dans l'opposition.

A la Chambre des pairs, le ministère du 1er mars n'a jamais eu une véritable majorité; celle qu'il a eue dans la Chambre élective, formée d'éléments hétérogènes, s'est rapidement dissoute. Le centre gauche, dont M. Thiers s'était fait le chef, est lui-même en désarroi, on le sait, depuis longtemps. A la vérité, jamais le centre gauche n'avait formé une unité bien compacte; son existence ne reposait point sur des principes saillants communs à tout le parti. Placé entre la gauche et la droite, les limites qui le séparaient de l'une et de l'autre étaient purement artificielles. Si, d'un côté, ses membres trouvaient dans cette position équivoque l'avantage de participer un peu, sans s'éloigner du pouvoir, à la popularité de l'opposition, et d'être à même de se porter, suivant les circonstances, vers les centres ou vers la gauche, d'un autre côté, comme ils n'avaient entre eux que des liens de circonstance, ils ne pouvaient sérieusement compter les uns sur les autres.

Quoique le centre gauche ait éprouvé une rude secousse, son noyau n'est pas détruit. Mais ce parti a tout à fait perdu son caractère primitif ; il avait été, pour quelques hommes consciencieux, le modérateur du libéralisme ; M. Thiers est parvenu à le dénaturer pour s'en faire un instrument. Plusieurs de ses membres s'en sont détachés et s'en détachent chaque jour pour se porter, selon la nature de leurs idées, les uns vers les centres, les autres vers la gauche. Quelques-uns s'efforcent néanmoins encore de le rétablir dans ses conditions primitives ; mais nous ne savons pas s'ils atteindront leur but.

Dès que le centre gauche avait paru prendre les

allures d'une coterie, des hommes tels que M. Dufaure, M. Passy, M. Sauzet et autres, avaient dû
s'en éloigner. C'est ainsi qu'une partie notable du
centre gauche rompit ouvertement à l'époque du
12 mai, tandis qu'une autre partie, sans rompre, crut devoir, dès ce moment, prendre une
attitude de réserve, je dirais presque de défiance.
Quoique peu nombreuse, elle aspirait à former
un parti distinct; sans se rallier tout à fait au
cabinet du 12 mai, elle blâmait les récrimina-
tions de la presse de M. Thiers contre les membres
du centre gauche qui avaient accepté le pouvoir sans
lui. M. Billault, dont la parole est devenue et tend
à devenir de plus en plus puissante à la Chambre,
était l'organe de cette fraction. Rattachée à
M. Thiers sous le 1er mars, elle nous a paru, durant
la dernière session, chercher à reprendre son ancienne attitude. Que fera-t-elle pendant la session
qui va s'ouvrir?

Presque isolé dans son propre parti, M. Thiers
se trouve de plus en plus repoussé vers la gauche;
mais si le président du 1er mars revenait au pouvoir, la gauche ne voudrait plus se livrer sans conditions formelles; sa dignité et sa force ont trop
souffert de son rôle de l'année dernière. Elle exi-
gerait donc des garanties, et ses exigences feraient,

à défaut d'autres causes, l'impuissance de M. Thiers. Ce dernier, d'ailleurs, en se servant de la gauche dont il n'a jamais choisi l'alliance par affection, tient à ne pas se confondre avec elle, et il usera de toutes les ressources de son habileté pour maintenir une limite entre elle et lui.

Si l'on en croit les feuilles de l'opposition, M. le comte Molé, impatient de reprendre son ancien poste, se proposerait de saisir la première occasion pour mesurer ses forces contre le cabinet. Dès avant la fin de la session dernière, il n'aurait voulu, en réalité, sous prétexte de défendre les prérogatives de la Chambre haute, que susciter des embarras au ministère. Sans savoir ce qu'il peut y avoir de vrai dans tout cela, nous sommes portés à croire qu'on prête à l'ambition du président du 15 avril plus d'impatience qu'elle n'en a. M. le comte Molé a trop de finesse d'esprit pour s'aveugler sur l'état des opinions, soit dans la Chambre des députés, soit dans le pays; il n'ignore point que les projets qu'on lui suppose ne sauraient être qu'une nouvelle cause de divisions et d'incertitudes.

Mais, en admettant que M. Molé ne doive pas être un dissolvant de la majorité actuelle, l'opposition ne perd pas espoir pour cela. Ignorez-vous donc que MM. Dufaure et Passy, las de voter pour un ministère dont ils ne font pas partie, sont bien disposés à lui retirer les voix dont ils disposent, et à jouer leur considération contre l'espérance d'un portefeuille? Depuis six mois, les journaux de la gauche n'ont-ils pas annoncé déjà vingt fois que la rupture était consommée? Nous sommes fâchés, pour notre part, qu'ils se soient arrêtés en si beau chemin; nous aurions été curieux d'apprendre, par exemple, avec qui voteraient M. Passy et M. Dufaure, et s'ils compteraient retrouver, le lendemain, la majorité qu'ils auraient abandonnée? On devrait au moins supposer quelque bon sens à ceux dont on calomnie le caractère. Mais on se garde bien de s'embarrasser dans ces questions-là. On croit trouver un moyen d'affaiblir le gouvernement, et, vraisemblable ou non, on s'en empare et on l'exploite.

Pour apprécier les intentions de MM. Dufaure et Passy, il suffit de se rappeler leur conduite passée. Si ces deux chefs d'une fraction du centre gauche ont l'ambition légitime d'arriver aux affaires, ce n'est certainement pas aux dépens de leur force et de leur dignité personnelle. Ils laissent à d'autres la gloire de s'en rapprocher à ce prix-là. Après avoir appuyé la politique du ministère pendant la dernière session, avec une

loyauté constante, comment pourraient-ils honorablement la combattre aujourd'hui ? Il est à regret-
ter seulement qu'ils n'aient point accepté les offres
pressantes qui leur ont été faites lors de la formation du cabinet du 29 octobre, et qui paraissent
avoir été renouvelées depuis. Leur position eût été
plus nette, la majorité fondée sur des bases plus
larges, l'union des centres, ce résultat qu'ils appré-
cient et qu'ils désirent, plus fermement assuré.
S'ils ne sont point entrés dans le nouveau cabinet,
c'est qu'ils se sont laissé effrayer par les clameurs
de l'opposition. Avec des intentions honnêtes, ils
se sont trop préoccupés de considérations secondaires. Malgré leur refus, néanmoins, ils ont plei-
nement secondé l'union des centres ; et ils vien-
draient la rompre maintenant, quand la puissance
des intérêts tend à la fortifier, quand elle est un
moyen de donner au pouvoir, au dedans comme
au dehors, cette force et cette dignité sans les-
quelles les gouvernements ne trouvent ni obéissance
ni respect. Ce serait tout à la fois une mauvaise
action et un mauvais calcul ; cela n'est pas possible,
et le supposer est une injure.

D'après ce qui précède, nous croyons pouvoir
espérer que les questions personnelles auront peu
d'influence dans la session prochaine. La dernière

ayant prouvé qu'une majorité sérieuse existait dans la Chambre, il nous reste seulement à examiner si cette majorité sera fidèle à la politique du ministère dans les questions intérieures et dans les questions extérieures.

Occupons-nous, d'abord, des questions extérieures.

VI

Le ministère du 29 octobre s'était formé avec
des intentions pacifiques. Dès le commencement
de la session dernière, dans la discussion de l'a-
dresse, développant les paroles contenues dans le
discours du roi, il avait dit à la tribune des deux
Chambres que la conservation de la paix dominait
tous les autres intérêts des États de l'Europe, qu'il
espérait pouvoir la maintenir, et que sa politique
était d'y travailler. Il ne répudiait point tout en-
tier l'héritage du 1er mars, mais il n'acceptait que
ce qui s'appropriait à ses vues et à son but. Dans
l'incertitude des événements que pouvait amener
le traité du 15 juillet, il conservait les armements
déjà faits comme mesures de précaution dictées

par l'isolement de la France. Ce qu'il n'acceptait pas, c'était une augmentation nouvelle de l'armée ; c'était le caractère que donnait au développement de nos forces le langage des anciens journaux ministériels. On avait atteint la dernière limite de la paix armée, et un pas de plus dans cette voie, quand l'Europe n'armait pas, aurait équivalu à une déclaration de guerre. Les deux Chambres approuvèrent la politique de l'isolement, mais d'un isolement digne, sans être ni turbulent ni agressif.

Par sa nature même, l'isolement ne pouvait être qu'une condition provisoire. Comme politique durable, c'eût été, en effet, une absurdité qui ne pouvait entrer dans l'esprit d'aucun homme sérieux. *Mieux vaudrait la guerre*, disait à la Chambre des députés M. de Tocqueville, *mieux vaudrait la guerre que de renoncer pour toujours à jouer un rôle dans les affaires d'Orient*. L'isolement prolongé nous aurait réduits désormais à une inaction certaine ; tout le monde devait donc désirer qu'on pût honorablement sortir d'une situation à la fois aussi stérile et aussi irritante.

C'était au gouvernement de déterminer les conditions auxquelles la dignité et la sécurité du pays permettraient de quitter la politique de l'isolement. Au mois de juillet dernier, il a jugé qu'il n'existait plus de raisons suffisantes pour que la France continuât à se tenir à l'écart, que le moment était venu de rendre à la paix générale les garanties que le traité des quatre puissances lui avait enlevées, et il a signé la convention relative à la fermeture des détroits. Si on l'envisage seulement en lui-même, cet acte n'est pas fort important; mais, en dehors de son objet, il a une haute signification. Il atteste, en effet, que le dissentiment survenu un an auparavant entre les grandes puissances a cessé d'exister, et que la France a pu rentrer dans le concert européen.

Ce résultat, patiemment préparé par les négociations, est-il bien conforme à la politique que le ministère avait soutenue devant les Chambres, et à laquelle les Chambres s'étaient associées ? C'est ce qu'il faut voir.

Nous désirons très-sincèrement, pour la dignité nationale, que l'opposition ait le bon goût de renoncer à toutes les déclamations sur la paix à tout prix, qui ne prouvent rien, si ce n'est l'impuissance de prouver quelque chose. Elle affectionne les questions extérieures, et je ne demande pas mieux que d'en faire honneur à son patriotisme; je ne dirai donc point qu'elle veuille abuser du silence que presque toujours, à ce sujet, des motifs impérieux

dé convenance ou des intérêts graves imposent
pour quelque temps au pouvoir. Rien ne serait plus
aisé que d'exciter l'amour-propre du pays et d'é-
garer ses nobles instincts. Ne nous plaignons point,
cependant, de cette irritabilité ; si elle a ses er-
reurs, elle fera toujours, au moment du danger, la
plus grande force de la France.

En se prononçant sur la convention du 13 juillet
dernier, les Chambres auront à se prononcer en
quelque sorte sur notre politique extérieure depuis
dix ans. Leur décision ne nous paraît pas douteuse. L'opposition vint l'année dernière à la tribune, tandis que les négociations d'Orient duraient
encore, presser de questions le ministère alors qu'il
était de son devoir de garder le silence. C'était
pour elle plus aisé que convenable. Si le cabinet,
sur les interpellations qui lui furent adressées,
avait eu l'imprudence de révéler à quelles conditions il consentait à sortir de l'isolement, il n'aurait pu aboutir qu'à compromettre les résultats qu'il
espérait. Il n'aurait plus conservé sa liberté pour
modifier ses exigences et régler sa politique d'après
les événements nouveaux. Des difficultés seraient-
elles survenues, les choses auraient-elles traîné en
longueur, tout accord eût-il été rendu impossible
par le fait d'une seule des puissances ? Oh ! com-

bien alors l'opposition eût maltraité ce ministère qui n'aurait eu à se reprocher, pourtant, que l'imprudence d'avoir fait connaître ses desseins avant qu'ils fussent accomplis. On n'a point oublié que M. Thiers se flattait, dans ses journaux, d'être devenu le pacificateur de l'Espagne et de l'Orient à la veille des événements qui forcèrent la reine Christine à quitter le territoire espagnol, et quelques semaines seulement avant le traité du 15 juillet. N'aurait-on pressé si fort le ministère du 29 octobre que pour le faire s'exposer à de pareils désappointements? Quoi qu'il en soit, il sera curieux de voir comment M. Thiers s'y prendra pour attaquer une politique qui a obtenu, sans faire de tapage, tout ce qu'il avait demandé lui-même par sa note du 8 octobre.

Dans quelles conditions le ministère a-t-il signé la convention du 13 juillet, et qu'elles ont été ses vues?

Si la paix avait été achetée au prix de l'honneur national, il n'y aurait point d'expression pour flétrir une telle politique. Mais si la France a obtenu des concessions suffisantes, s'il est vrai, comme l'exprimait M. de Lamartine, qu'elle soit rentrée, drapeau levé, dans la conférence européenne, comment qualifier l'aveuglement ou la mauvaise foi de ceux qui, par esprit de rancune, par intérêt de parti, ne cessent de s'évertuer à égarer l'opinion publique en dénaturant les faits, et reprochent au cabinet l'acte qui l'honore le plus?

Il est bien entendu que nous ne nous plaçons pas au point de vue des hommes qui voulaient l'isolement armé comme un moyen de conduire insensiblement le pays à la guerre; nous sommes de ceux qui ne voulaient l'isolement que comme un moyen de témoigner la désapprobation de la France, de réserver sa liberté d'action et de la tenir prête à toutes les éventualités. C'est à ce dernier point de vue que nous allons voir si la France avait encore, au mois de juillet dernier, quelque raison de conserver son état d'expectative et de précaution. Il est nécessaire de rappeler, d'abord, en deux mots ce qui s'était passé depuis que le pacha d'Égypte avait déposé les armes.

Le premier hatti-sheriff du 13 février 1841, qui réglait sa situation vis-à-vis de la Porte, n'accordait à sa famille qu'une hérédité fort restreinte et à peu près illusoire. Le sultan se réservait à perpétuité, comme on sait, le droit de désigner parmi les enfants mâles du pacha celui qui devrait lui succéder. La France connaissait depuis longtemps la faiblesse intérieure de l'empire ottoman, et l'impossibilité de replacer, d'une manière durable, sous son autorité, certaines provinces que son impuissance à les gouverner et à les défendre avait laissées s'en détacher. L'Égypte était dans ce cas; la puissance de Méhémet-Ali n'avait pas moins été la conséquence de l'affaiblissement du pouvoir central que l'œuvre même de son génie. Jamais la politique française n'avait prétendu séparer l'Égypte de la grande famille musulmane, mais seulement constituer son gouvernement, devenu indépendant par le fait, à l'état d'une grande vassalité héréditaire. Le hatti-sheriff du 13 février n'était pas conforme à cette politique. A le juger d'un œil impartial, il n'était ni selon les intérêts bien entendus du sultan, ni selon ceux du pacha. Alexandrie restait encore assez puissante pour inquiéter Constantinople; et on ne fondait pas le pouvoir de Méhémet sur des bases assez larges pour qu'il ne regardât pas le hatti-sheriff comme une nécessité temporaire sous laquelle il pliait par force, sauf à saisir la première occasion favorable de recommencer la guerre contre son suzerain. La France appuya donc les réclamations que le pacha fit parvenir au divan. L'Europe comprenait bien que la France resterait isolée, et qu'elle ne pourrait point adhérer au nouvel état de l'Orient, si

d'autres conditions n'étaient pas faites par la Porte.
Chacun des représentants des quatre puissances
agit alors plus ou moins de son côté, suivant le dé-
sir plus ou moins vif de son gouvernement de voir
la France rentrer dans le concert européen, pour
amener le sultan à des concessions nouvelles. Mieux
inspiré, le divan revint enfin sur ses premières ré-
solutions, et un hatti-sheriff du 1er juin modifia
celui du 15 février. Outre plusieurs changements
d'une moindre importance, il accorda l'hérédité
complète à la famille du pacha. Méhémet l'accueil-
lit avec satisfaction. Il avait obtenu ce qui lui manquait, la perpétuité de sa famille dans le gouvernement de l'Égypte, et une place dans le droit pu-
blic de l'Europe. Il avait toujours été entendu que
l'Égypte relèverait de Constantinople, son gouvernement ne devait donc pas être tout à fait indépendant ; mais il avait été entendu aussi qu'il le
serait assez pour pouvoir développer les germes de
civilisation et de prospérité répandus dans un pays
qu'écrasait auparavant le fardeau des préparatifs
de guerre. Le dernier hatti-sheriff nous paraît conforme à cette pensée constante de la politique
française.

Mais, pour obtenir ce hatti-sheriff, la France
aurait-elle répudié le langage de sa politique anté-

rieure? Aurait-elle sacrifié quelques-uns de ses actes?

Tant que durèrent les négociations relatives à la question d'Orient, elle n'avait cessé de combattre la pensée du traité qui fut réalisé le 15 juillet. Une fois le traité conclu, elle en témoigna sa désapprobation. En lisant tout ce qui a été écrit par les adversaires du cabinet, on croirait vraiment qu'il aurait reconnu cet acte, et qu'il y aurait lui-même applaudi. La convention du 13 juillet a fait précisément tout le contraire. On sait, en effet, que le ministère, dès qu'il en reçut les premières ouvertures, eut soin, pour rester fidèle à la politique qu'avait adoptée la France à l'égard du traité du 15 juillet, de déclarer, comme on a été obligé de l'avouer, qu'il ne délibérerait sur ce point qu'à la condition que la convention nouvelle ne parlerait point de ce traité. L'acquiescement de l'Europe n'avait-il donc aucun sens?

Demandons maintenant aux défenseurs de la politique de l'isolement prolongé quelles étaient ses vues, quelles pouvaient être ses espérances? Que voulaient-ils attendre, et dans quel but demandaient-ils que la France restât en armes avec les lourdes charges que cet état impose? Après l'acceptation par le pacha d'Égypte du hatti-sheriff d u mois de juin, quel en aurait été le prétexte? Tenir sur pied de nombreuses armées en raison d'un dissentiment dont l'objet n'existait plus, pour des difficultés résolues, c'eût été de la part de la France jouer un rôle à la fois agressif et ridicule ; elle aurait dépensé en vaines démonstrations son argent et ses ressources, au grand plaisir de ses ennemis. C'est là peut-être qu'il y eût eu un véritable sujet de comédie, dont plaise à Dieu que nous ne fassions jamais les frais.

Le ministère du 29 octobre était venu non pas pour maintenir une politique qu'il avait blâmée, mais pour réparer ses torts. Il ne devait point continuer un isolement qui, pour n'avoir désormais d'autre mérite que de donner à la France une sorte d'air boudeur à l'égard de l'Europe, lui coûtait beaucoup trop cher, en même temps qu'à cette condition il devenait indigne d'un grand peuple.

Mais, dit-on, l'influence de la France a été ruinée ; la convention du 15 juillet en a consacré l'anéantissement.

Croit-on de bonne foi que l'isolement prolongé eût été la sauvegarde de cette influence, dont on fait beaucoup trop bon marché? Le traité du 15 juillet ayant été conclu dans un esprit contraire à notre politique, il y eut un moment où l'isolement, avec toutes les conséquences qu'il pouvait avoir, était la seule attitude à prendre pour ne pas engager l'avenir. Mais les circonstances ayant cessé de justifier une telle attitude, le gouvernement ne devait-il pas, sans montrer trop d'empressement, accepter les ouvertures qui lui étaient faites par les puissances, et conclure avec elles un traité entièrement nouveau, qui fût de leur part une reconnaissance implicite que le premier, par cela seul qu'il ne portait point la signature de la France, ne pouvait avoir, selon l'expression de M. de Lamartine, qu'une existence provisoire, sans cesse menacée? Les conditions auxquelles a été signée la convention du 13 juillet lui donnent cette signifiéation. Aussi nous ne doutons pas qu'elle ne soit hautement approuvée par les Chambres.

La plupart des adversaires du cabinet ont trop de lumières pour ne pas comprendre toutes les déceptions de l'isolement prolongé. L'acte du 13 juillet n'a guère été pour eux qu'un prétexte pour attaquer un ministère dont ils souhaitent le renversement. Rien pourtant, de ce côté, n'amènera la crise que l'opposition désire, et, à moins d'événements imprévus, je ne crois pas qu'aucune autre question extérieure se présente avec le caractère de ce qu'on appelle une question ministérielle.

L'Espagne, cependant, ne manquera pas d'arrêter quelque temps l'attention des Chambres. Quoique l'état de ce pays soit moins critique qu'il ne l'était il y a quelques semaines, l'horizon est encore trop rembruni pour qu'on ne redoute point de nouveaux orages. La discussion ne sera pas longue; car la politique française en Espagne est connue depuis longtemps. Au commencement de la dernière session, à deux reprises diverses, M. le ministre des affaires étrangères l'a de nouveau très-clairement exposée en quelques mots à la Chambre des pairs, une première fois en répondant à M. de Dreux-Brézé dans la discussion de l'adresse, une seconde fois en répondant à M. de Noailles à propos de la loi relative à l'ouverture d'un crédit de 700,000 fr. pour secours aux réfugiés étrangers. L'Espagne a fait ses propres destinées. La France s'est toujours montrée amie de l'ordre légal, et elle a prêté son appui au gouvernement établi par l'Espagne elle-même; ne pas intervenir activement dans ses affaires, tel a été, ajoutait M. Guizot, le plan du gouvernement approuvé par les Chambres.

Cette politique était certainement pleine de loyauté et de bienveillance, et pourtant, il ne faut pas le dissimuler, au lieu de la voir grandir, elle a vu décroître l'influence française. Cela tient à plusieurs causes.

Voici les principales.

La politique de la France n'étant pas une politique de parti, elle ne pouvait s'associer ni à la lutte ni au triomphe des partis; ses conseils de modération devaient, au contraire, indisposer contre elle tous les hommes exaltés. De plus, le parti constitutionnel, conservateur si l'on veut, pour lequel elle avait des sympathies, a montré une grande faiblesse et une grande inintelligence de son rôle. Ses revers sont un peu retombés sur la diplomatie française, tandis que l'Angleterre profitait de cette circonstance avec son activité habituelle pour augmenter son influence. Quoique notre politique n'ait pas été, comme on voit, fort appréciée par l'Espagne jusqu'à ce jour, je ne crois pas que le gouvernement doive en changer aujourd'hui. L'Espagne reconnaîtra infailliblement plus tard la conduite désintéressée de la France; déjà elle commence à s'apercevoir que tous les services ne sont pas à si bon marché que les siens.

On s'est beaucoup entretenu, dans ces derniers temps, de la réunion d'un congrès pour régler les affaires de la Péninsule. La proposition serait venue, les uns disent du prince Metternich, les autres de

M. Guizot. S'il est très-difficile encore de démêler, à cet égard, quelle est la vérité au milieu de tant de récits contradictoires, et qui tous paraissent fort hasardés, on peut du moins juger la pensée en elle-même. Nous sommes de ceux qui verraient avec un vif plaisir les négociations se substituer à la violence pour résoudre les grandes questions qui s'élèvent dans le monde. L'Europe est entrée dans cette voie, où l'avenir, il faut l'espérer, la poussera davantage. Les grandes puissances tendent visiblement à former un tribunal suprême dont tous les États soient justiciables. Mais les affaires d'Espagne sont-elles de nature à être portées devant un pareil tribunal? Nous hésitons beaucoup à le croire.

Les États du Nord ne voient pas de très-bon œil les [révolutions qui ont changé les gouvernements dans l'occident et le midi de l'Europe. Quoique les hommes les plus éclairés de tous les pays sachent en découvrir les causes et les nécessités, beaucoup d'autres n'éprouvent à cet égard que d'invincibles répugnances et une mauvaise volonté qui ne peut même pas se dissimuler. En supposant, du reste, au prétendu congrès toutes les conditions nécessaires et qu'il ne nous paraît pas possible qu'il réunisse, nous nous demandons encore sur quoi porteraient ses délibérations et quels seraient ses moyens de les faire exécuter. Quelques points secondaires seraient seuls de nature à être soumis aux puissances; mais les véritables difficultés, celles se rattachant aux institutions et au gouvernement de l'Espagne, devraient être écartées de leurs délibérations. Telle a été, en effet, la politique constante de la France depuis la mort du roi Ferdinand.

Nous en avons trop dit sur un bruit qui n'a peut-être rien de fondé, et qui aura, du moins, beaucoup exagéré les choses. Dans tous les cas, la majorité ne peut point se diviser à propos de l'Espagne; elle continuera de soutenir la politique qu'elle a soutenue jusqu'à ce jour.

VII

L'opposition réussira-t-elle mieux dans la politique intérieure? Nous savons, d'abord, qu'elle ne le croit pas elle-même; ses plus belles illusions lui viennent à propos du dehors.

Sur quelle question intérieure, en effet, la majorité se dissoudrait-elle?

Serait-ce à propos du recensement? Un paragraphe de l'adresse relatif aux derniers désordres qui ont troublé la sécurité publique sera tout naturellement l'occasion d'en saisir la Chambre. Après ce qui s'est passé, le ministère se le doit à lui-même. Déjà les conseils généraux des départements ont su s'affranchir des préoccupations qui avaient égaré plusieurs conseils municipaux. Espère-t-on que la Chambre des députés, bien plus haut placée dans l'échelle des pouvoirs, s'affranchisse moins des influences locales? On n'oserait pas le prétendre. La Chambre reconnaîtra la légalité de la mesure que plusieurs feuilles de l'opposition hésitaient même à contester; elle ne donnera point une satisfaction à l'émeute. Au fond, la question du recensement est beaucoup moins grave que la polémique des journaux ne tendait à le faire croire. Personne ne saurait sérieusement soutenir que l'opération ne doive se faire à la fois et par l'autorité communale et par l'autorité centrale, car chacune y a son intérêt. Les conseillers municipaux assisteront-ils les agents du Trésor, ou seront-ils assistés par eux? Toute la question se réduit à cela.

Serait-ce sur les fonds secrets? La discussion sera cette année beaucoup plus courte et beaucoup plus simple qu'elle ne l'était avant le ministère du 1er mars. La gauche ayant voté les fonds secrets à M. Thiers, ne pourra s'élever désormais contre la moralité de l'allocation en elle-même. Reste la question de confiance; l'adresse l'aura implicitement résolue.

Serait-ce sur ce qu'on appelle la réforme parlementaire, c'est-à-dire sur l'extension des incompatibilités entre certaines fonctions publiques et les fonctions de députés ? La proposition que la gauche est, dit-on, décidée à présenter de nouveau, aura probablement le sort de celles qui l'ont précédée. Quel que soit, d'ailleurs, et le parti que prendra le ministère à cet égard, et la décision de la Chambre, je ne vois point là le motif d'une crise ministérielle.

Il y a bien, dans la politique intérieure, une grande question qui pourrait devenir une question de cabinet, nous voulons parler de la réforme électorale ; mais elle n'est pas mûre pour la Chambre actuelle ; une très-forte majorité repousserait certainement toute proposition à ce sujet. Comme le ministère s'est prononcé dans le même sens, nulle division n'est à craindre. La Chambre, reconnaissons-le, exprime assez fidèlement l'opinion publique sur la réforme électorale. Quoi que nous racontent certains journaux des comités, des pétitions et des banquets réformistes, rien n'est moins vrai que la prétendue fièvre de réforme qui, à les entendre, agiterait le pays ; c'est la froideur et l'indifférence, au contraire, qui sont encore, en ce moment, le véritable état des esprits à cet égard.

Nous rapportons fidèlement ce que nous avons vu. Quant à nous, nous n'en persistons pas moins à penser que la loi de 1831 est défectueuse, et qu'il serait fort désirable qu'elle fût modifiée. Plusieurs causes expliquent, toutefois, l'opposition de la Chambre actuelle à une telle mesure, et la grande réserve du pays. Ce n'est point ici le lieu de répéter ce que nous avons écrit ailleurs [1]; nous dirons seulement que les hommes d'ordre s'effraient, et avec raison, de la réforme électorale, en voyant les espérances qu'y rattachent les passions politiques. Cependant une réforme sage, intelligente, limitée, dont l'initiative viendrait d'en haut et non d'en bas, aurait pour résultat, selon nous, d'accroître la force du gouvernement et de diminuer celle des factions; ce sera l'œuvre de l'avenir. Le pays n'est pas pressé; la loi de 1831 ne lui pèse point; nul ne se trouve encore bien sûr de ce qu'il veut; dans le sein d'un même parti, les opinions ne sont point d'accord; on diffère radicalement sur les points les plus importants. Au milieu de pareilles divergences et de pareilles incertitudes, l'homme de bonne foi, ami de la réforme, peut être facilement amené à reconnaître qu'il n'est pas temps que la question vienne.

[1] Voyez *Histoire électorale de la France depuis la convocation des états-généraux de 1789*, page 129 et suivantes.

VIII

Résumons en quelques mots tout ce qui précède.

La lutte a repris aujourd'hui le caractère qu'elle avait un instant perdu ; elle est engagée entre la politique de conservation et la politique révolutionnaire. On connaît leurs tendances diverses. Duran la dernière session, la Chambre des députés a fait très-nettement son choix, et une forte majorité a paralysé les efforts de toutes les oppositions réunies. Que la politique du ministère continue donc d'être assez large pour embrasser toutes les opinions vraiment gouvernementales ; qu'il ne se laisse rebuter par aucun obstacle ; qu'il ne cède à aucune suggestion ; qu'il se maintienne ferme dans les voies de la politique qui cherche à consolider l'union des centres. Si une intrigue, si un malentendu quelconque devait le renverser, il trouverait dans la position qu'il aurait prise d'avance une force que personne ne pourrait affronter longtemps.

Mais la majorité ne se laissera pas abuser; elle sait trop bien qu'on n'abandonnerait point impunément les grands intérêts pour se préoccuper des petites considérations de parti. En ce moment, toutes les questions particulières sont dominées par la nécessité de rester unis pour être forts. La Chambre a de grands devoirs à remplir; elle doit, par son unité, rassurer le pays que des menées secrètes pourraient inquiéter. L'esprit de désordre est malheureusement encore la maladie d'une minorité factieuse. Nous savons bien qu'elle ne pourrait prévaloir contre la force légale qui la contient, contre la conscience publique qui la réprouve; mais sous un gouvernement faible, elle provoquerait infailliblement de grands malheurs. Cinquante années de révolutions ne nous auraient-elles donc point appris que sans un pouvoir fort il n'y a ni liberté ni sécurité pour personne?

La législature actuelle va bientôt finir. A quelque époque qu'aient lieu les élections générales, soit pendant, soit après la session, la majorité doit compter sur l'assentiment du pays, car elle aura soutenu la politique de la civilisation et de la paix, et elle nous aura replacés dans les conditions régulières du gouvernement représentatif.

www.ingramcontent.ccm/pod-product-compliance
Lightning Source LLC
Chambersburg PA
CBHW061310050726
47594CB00004B/1646